AF562005

LA FRANCE & LE CANADA

CONFÉRENCE

FAITE A CHARTRES LE 22 JUIN 1891

PAR

M. HONORÉ MERCIER

PREMIER MINISTRE DE LA PROVINCE DE QUÉBEC

CHARTRES
IMPRIMERIE GARNIER
RUE DU GRAND-CERF, 15

1891

LA FRANCE & LE CANADA

CONFÉRENCE

FAITE A CHARTRES LE 22 JUIN 1891

PAR

M. HONORÉ MERCIER

PREMIER MINISTRE DE LA PROVINCE DE QUÉBEC

CHARTRES
IMPRIMERIE GARNIER
RUE DU GRAND-CERF, 15

1891

UN MONUMENT

Il me souvient d'avoir lu jadis qu'un Français, voyageant au Canada, entra un jour dans une ferme du Nord-Ouest, dont la maîtresse lui dit : « dans ce pays-*cite*, Monsieur, nous ne sommes que de pauv's français sauvages : mais sûr et ben sûr, nous sommes de ben bons Français tout de même. »

Il n'y a pas que des Français « sauvages » au Canada, qui en compte, et beaucoup, de très civilisés. Parmi ceux-ci, il en est même qui, grâce à l'étendue et à la variété de leurs connaissances, à leur science des grandes affaires, à la vivacité de leur intelligence, à la sûreté de leur jugement, à l'élévation de leur caractère et à leur talent de parole, figureraient avec honneur dans les assemblées législatives de l'Europe et dans les conseils de ses gouvernements.

Nous en avions ces jours-ci un exemple, à Chartres, dans la personne de M. Mercier, premier ministre de la province de Québec.

Mais la différence qui résulte de la culture de l'esprit entre ces Français civilisés du Canada et les « pauv's Français sauvages » cesse dès qu'il s'agit de cette chose du cœur qui s'appelle l'attachement à la France.

L'expression seule diffère, qui, de naïve sur les lèvres des seconds, devient éloquente en passant sur les lèvres des premiers. Ici encore nous pouvons attester l'exemple de M. Mercier.

Phénomène peut-être unique dans l'histoire ! Ces Français, séparés depuis cent trente ans de la France, ont su si bien défendre leur nationalité que, moralement parlant, ils en font toujours partie.

L'honneur en revient, et il est grand, à ces soixante mille colons qui, restés après le déplorable traité de 1763 sur ce sol où tant de notre sang avait été versé, où tant de notre héroïsme avait été dépensé, où le génie de notre race avait affirmé sa puissance pendant tant de siècles, et avec tant d'éclat, se jurèrent à eux-mêmes de rester Français et de faire souche de Français, et qui tinrent leur serment.

Grâce à des prodiges d'énergie, de constance, et de ténacité qui dénotent une rare virilité d'âme, ils opposèrent une invincible résistance à toute tentative d'assimilation avec les vainqueurs dont ils subissaient le contact, et aux lois desquels ils obéissaient fidèlement. Groupés autour de leur prêtres, dont le rôle patriotique fut au-dessus de tout éloge, ils surent conserver dans leur intégrité leurs croyances religieuses, leur langue, leurs coutumes, leurs mœurs, tout ce qui constitue, en un mot, la physionomie morale d'une race, et sa personnalité.

De ces forts, il ne pouvait naître que des forts. Les enfants se sont montrés dignes des pères, et les petits-enfants, des enfants. Les descendants de ces vaillants de 1763, qui sont aujourd'hui près de deux millions, et dont le nombre double tous les vingt-huit ans, ont conquis, « lentement mais sûrement, » non pas le droit peu glorieux d'opprimer les autres, mais celui de n'être point opprimés. Ils se sont peu à peu assuré la place qui leur était due sur ce sol arrosé des sueurs et du sang de leurs ancêtres. Les libertés politiques et religieuses dont ils jouissent, dans un pays soumis à une race étrangère, sont si étendues et si entières, qu'elles pourraient faire envie à d'autres, traités en parias par leurs compatriotes au pouvoir.

Mais si pour conquérir leur indépendance ils ont dû mettre en pratique toutes les mâles vertus qu'ils tenaient de leurs aïeux, du moins n'ont-ils eu besoin d'aucun effort pour garder leur attachement à la France. Il faisait partie d'eux-mêmes : il était dans leur chair et leur sang.

Mieux que personne, M. Mercier avait qualité pour le dire, et le démontrer. Dans sa belle et patriotique conférence du 22 juin, il en a donné des preuves, aussi nombreuses que saisissantes. Mais il n'a pas tout dit. Même après ce moissonneur, il reste beaucoup à glaner. Je me baisse sur le sillon, et ramasse cet épi.

Quand la première nouvelle de nos désastres de 1870 parvint en Amérique, elle ne trouva que des incrédules parmi les Français-Canadiens. Le cœur a de ces révoltes qu'il impose à l'esprit. L'on ne veut pas croire, l'on ne croit qu'à la dernière heure au malheur de ceux qu'on aime. Mais un jour vint où l'on vit le Consul français traverser, les traits contractés par une suprême douleur, les rues de la ville. Il entra dans les bureaux d'un journal français, l'*Évènement*, une dépêche à la main. Quelques instants après, le sommaire du journal paraissait à la fenêtre, affiché en placard, selon l'usage américain. Il portait en gros caractères, ces mots sinistres qui, même après vingt ans, remuent si douloureusement nos cœurs : Capitulation de Sedan.

Quand le malheureux représentant de notre malheureuse nation sortit des bureaux du journal, il trouva une foule immense réunie sur la place. Toutes les têtes se découvrirent sur son passage : toutes les mains se tendirent vers lui, et au milieu du silence, on entendit le bruit des sanglots qui se confondaient avec les siens.

Comment se fait-il, qu'attesté par tant de preuves, consigné dans le récit de tant de voyageurs et signalé par tant d'écrivains, Jules Duval, Dussieux, Réveillaud, de Molinari, Rameau, Guérard, de Lamothe, de Varigny, Michel, etc., etc., l'attachement des Canadiens pour la France ait pu, dans une Société telle que celle des Conférences de Sainte-Geneviève, être traité de « mythe » par un écrivain français, avec l'approbation d'un autre ; tous les deux prêtres, ce qui ajoute à l'étrangeté du fait. Je ne me charge pas de l'expliquer. Le moins qu'on en puisse dire, c'est que l'*approbatur* donné avec une inexcusable légèreté, a tout juste la valeur de l'écrit.

A vrai dire, ce n'est que pour MM. les abbés Lelong et

Murco que je regrette l'incident. N'est-ce pas cette accusation, dénuée de preuves, et où en auraient-ils trouvé ? qui a provoqué la conférence du 22 juin, aussi réconfortante pour un cœur catholique que consolante pour un cœur français ?

Il en est des peuples comme des individus, de qui l'on dit qu'ils cessent d'avoir des amis dès qu'ils sont malheureux. Les nations se détournent volontiers de celles d'entre elles que la fortune abandonne, pour s'en aller vers les victorieux. Nous avons subi cette dure loi, comme d'autres l'ont subie avant nous, comme d'autres la subiront plus tard: ceux-là même peut-être, qui après avoir reçu le plus de nous, ont été les plus prompts et sont allés le plus loin dans l'abandon. Il n'en est que plus doux de penser qu'au delà de l'Océan, il existe une population, française d'origine, qui nous reste étroitement attachée malgré nos revers, qui ne nous en aime que mieux peut-être, à cause de nos malheurs; comme il convient aux véritables affections; et qui, passionnément désireuse de notre relèvement, continue à voir dans la France amoindrie une mère, dans les Français vaincus, des frères aînés !

Cette douce et patriotique joie, tous les auditeurs de M. Mercier l'ont éprouvée en l'entendant accumuler avec tant d'éloquence les preuves du fidèle et touchant attachement que ses compatriotes conservent à notre pays. Mais il en est un grand nombre parmi eux auxquels il en a fait goûter une autre non moins vive, due à leur amour pour cette seconde mère ; l'Eglise, calomniée par quelques-uns avec autant de légèreté que le Canada par MM. Lelong et Murco et par certains, avec une mauvaise foi dont on ne saurait soupçonner ceux-ci.

Qui n'a entendu dire de nos jours que le catholicisme ne peut s'épanouir que dans des pays incapables d'apprécier la valeur des conquêtes nouvelles réalisées par l'esprit humain, et que la fidélité à ses doctrines ne peut convenir qu'à des sociétés vieillies, incapables de rajeunissement ?

Qui n'a entendu proclamer que l'attachement à ses autels implique, dans les cœurs, l'absence de tout sentiment de dignité, d'indépendance et de fierté, et que la soumission à ses lois dénote chez un peuple le goût abject de l'asservissement ?

Qui n'a entendu soutenir qu'il n'obtient rien du chrétien qui ne soit pris sur le citoyen, qu'il exige des vertus incompatibles avec les devoirs civiques, qu'il établit entre la patrie du ciel et celle de la terre un conflit incessant, qu'il faut nécessairement opter entre l'amour de l'une et l'amour de l'autre, et qu'un bon catholique ne peut faire qu'un mauvais patriote ?

L'histoire, il est vrai, témoigne à chacune de ses pages de la monstruosité de ces assertions. Mais ce qu'il y a de commode avec l'histoire, c'est qu'on peut tout obtenir d'elle en la travestissant. On n'a garde de s'en faire faute, et de ce témoin qui dépose pour l'Eglise, on sait se faire, à l'occasion, un témoin contre elle.

Cette liberté, on ne saurait la prendre avec celui qui comparaissait l'autre jour devant un nombreux auditoire, à Chartres, à l'appel de M. Mercier. Il n'en est pas du peuple Français-canadien, comme des fantômes que l'on évoque, comme des cendres qu'on remue, comme des annales qu'on interroge ; c'est une personnalité vivante et bien vivante, à qui l'on ne peut faire dire que ce qu'elle dit, et dont on ne peut invoquer l'exemple pour en dénaturer les enseignements.

Eh bien ! j'en appelle à tous ceux qui ont entendu M. Mercier ; j'en appelle à tous ceux qui liront son discours ; j'en appelle à la justice, à la bonne foi, au bon sens : ne ressort-il pas de cet exemple que la religion élargit les intelligences au lieu de les rétrécir ; que la religion élève les âmes au lieu de les abaisser ; que la religion fortifie les cœurs au lieu de les amollir ?

Ne ressort-il pas de cet exemple que l'on se tient d'autant plus fièrement debout devant les puissances de ce monde que l'on se courbe plus humblement devant celles du ciel ?

Ne ressort-il pas de cet exemple qu'à l'énergie des croyances correspond l'énergie des caractères, et que la virilité des mœurs se mesure à l'intensité de la foi ?

Ne ressort-il pas de cet exemple que la décadence n'a prise sur une race qu'autant qu'elle se laisse ronger par cette lèpre, la libre morale, fille de la libre pensée? que les générations peuvent succéder aux générations sans rien perdre de la vigueur primitive, en se léguant les uns aux autres l'héritage des traditions religieuses qui firent la robusticité des ancêtres? et que les sociétés peuvent rester éternellement jeunes, qui savent rester éternellement chrétiennes?

Ne ressort-il pas de cet exemple que le sentiment patriotique puise une force incomparable d'expansion dans son association avec le sentiment religieux : que le rattachement des foyers aux autels est merveilleusement propre à rattacher les foyers au pays; et que le cœur le plus intrépide dans sa fidélité à sa foi est aussi le plus invincible dans sa fidélité à sa patrie ?

Ne ressort-il pas de cet exemple, en un mot, qu'en proclamant la religion inconciliable avec ces trois grandes choses : la Liberté, le Progrès et le Patriotisme, on se rend coupable du plus audacieux des mensonges, ou de la plus inexcusable des légèretés ?

Oui, voilà bien ce qu'il faut conclure du discours où le premier ministre de la province de Québec nous a montré dans la population franco-canadienne, si intelligente et si progressive, si active et si industrieuse, si virile et si indépendante, une obstination dans son amour pour la mère patrie, qui n'a d'égale que son obstination dans son amour pour Dieu!

La démonstration est faite, et elle a d'autant plus de force qu'elle n'était pas cherchée. Elle n'entrait pas dans l'ordre des préoccupations auxquelles M. Mercier avait obéi en faisant cette conférence. Il n'est pas un passage peut-être de son émouvant discours où elle ne se trouve. Il n'en est certainement aucun où il ait voulu la mettre. Ce n'est pas que la thèse fût pour déplaire à son cœur profondément chrétien. Mais la tâche qu'il s'était imposée était autre : il ne prenait la parole que pour protester contre les inconcevables attaques qui mettaient en suspicion l'attachement de ses compatriotes du Canada à la France.

Il se trouve qu'en vengeant son pays, M. Mercier a vengé du même coup la religion. Pour lui, la bonne fortune est double : pour nous, Français et catholiques, double est la gratitude que nous lui devons.

Il existe dans la crypte de la cathédrale de Chartres, sous forme de colliers de coquillages, un *ex-voto*, bien connu des pèlerins et des touristes. Naïf témoignage de la piété des sauvages du Canada convertis à la fin du XVIIe siècle par nos missionnaires, qui constitue peut-être, ainsi que l'a si éloquemment dit Mgr Lagrange, « l'unique monument qui survive de leur langue et de leur nationalité éteintes ! »

En quittant le pays de ses ancêtres, M. Mercier y laisse un autre monument : sa conférence, qui perpétuera le souvenir de l'attachement, inséparable et invincible, de nos frères du Canada à la France et à l'Église !

EMMANUEL DE RORTHAYS.

Chartres, le 30 juin 1891.

LA CONFÉRENCE

DE

M. MERCIER

Dans son numéro du 25 juin 1891, le *Journal de Chartres* rend compte, dans les termes qui suivent, de la conférence faite par M. Mercier, le lundi précédent, 22 juin.

La conférence de M. Mercier a eu lieu lundi, ainsi que nous l'avions annoncé, et nous pouvons ajouter, avec une satisfaction profonde, que nous avons rarement été témoin d'un pareil succès.

Le premier ministre de la province de Québec est arrivé à Chartres à onze heures et demie.

Il était accompagné de M. Bernatchez, député de Montmagny, ancien ministre; de M. Ness, membre du conseil d'agriculture, de M. Hector Fabre, commissaire général du Canada à Paris, frère de l'archevêque de Montréal, de M. Dandurand, avocat distingué de Montréal, auxquels s'étaient joints un prêtre canadien, M. l'abbé Gosselin, l'éminent historiographe de Mgr Laval, et M. l'abbé Lacroix, vicaire à Saint-Joseph de Paris, qui prononçait mercredi dernier, en l'église Sainte-Clotilde, l'éloquent panégyrique de Mgr Labelle.

M. Mercier et ses compagnons de voyage se sont aussitôt rendus à l'Evêché où Mgr Lagrange leur offrait l'hospitalité. A cinq heures ils faisaient avec lui leur entrée dans la salle Sainte-Foy, où la foule était si grande que les retardataires n'ont pu y pénétrer.

Dans cet auditoire d'élite, où l'on voyait un grand nombre de dames, toutes les catégories de la société chartraine étaient largement représentées, ainsi que toutes les opinions. Nos confrères de la presse républicaine, qui avaient parfaitement compris le but patriotique de cette réunion, où, comme nous l'écrivions samedi, les passions n'avaient que faire, avaient, en annonçant la conférence, accepté des lettres d'invitation qu'ils avaient distribuées. Nous leur en adressons nos remerciements.

Une estrade avait été préparée au fond de la grande salle. Monseigneur, qui présidait la réunion, avait à sa droite M. Mercier, et à sa gauche, M. Cuny, colonel du 2e dragons, M. Gillon, lieutenant-colonel du 130e de ligne, et M. Collier-Bordier, Conseiller général du canton de Voves. Sur une seconde rangée de sièges étaient assis MM. Bernatchez, Ness, et Hector Fabre, accompagnés de M. le comte Emmanuel de Rorthays, ancien préfet, directeur du *Journal de Chartres*.

M. le Préfet d'Eure-et-Loir avait fait espérer à Mgr Lagrange qu'il viendrait occuper la place d'honneur qui lui appartenait auprès de sa Grandeur, en s'excusant d'avance si des empêchements résultant de ses occupations le retenaient à la Préfecture, ce qui a eu lieu en effet.

Parmi les membres très nombreux du clergé qui assistaient à la séance, l'on remarquait MM. les curés des trois paroisses de Chartres, MM. les chanoines Pouclée et Goussard, M. l'abbé Piau, Supérieur du Grand Séminaire, M. l'abbé Tissier, directeur de l'Institution Notre-Dame, M. l'abbé Foucault, curé de Nogent-le-Rotrou, M. l'abbé Cantenot, curé de Santeuil, ami particulier de M. Mercier.

On remarquait aussi dans l'assistance MM. de Saint-Laumer, ancien maire de Chartres, Dubreuil, directeur du *Courrier d'Eure-et-Loir*, de Boissieu, David de Thiais, Lemoult-Garnier, gérant du *Journal de Chartres*, Bellier de la Chavignerie, Chevallier-Letartre, Fauvel, proviseur du lycée, etc., etc.

Mgr Lagrange a ouvert la séance en prononçant une de ces allocutions émouvantes dont il a le secret, et où l'on ne sait ce qu'il faut admirer le plus, des dons de l'intelligence ou de ceux du cœur. Voici dans quels termes notre vénérable Evêque s'est exprimé :

ALLOCUTION DE Mgr LAGRANGE

Mesdames et Messieurs,

Je ne crois pas avoir à vous présenter l'orateur que vous allez entendre, Son Excellence M. Honoré Mercier, premier ministre de la province de Québec, au Canada. Son nom est aujourd'hui populaire en France, presque autant que dans son pays. Aussi bien sa patrie d'origine est-elle la France, et il est demeuré, comme tout à l'heure vous allez en juger, Français de cœur comme d'origine.

Ce qui nous a valu l'honneur de sa visite, c'est un ami commun que nous avions ; amitié dont, pour ma part, je m'honorais grandement. Pent-être vous souvient-il d'avoir vu, au jour peu éloigné encore de mon sacre, en tête de ce cortège d'évêques qui avaient bien voulu m'apporter l'honneur de leur présence, un prélat remarquable par sa haute taille et son costume étranger, à la physionomie ouverte et large, où respiraient l'intelligence, la puissance et la bonté; c'était un prélat canadien, Mgr Labelle, alors ministre de l'Agriculture dans son pays, homme vraiment extraordinaire, le plus puissant homme d'action du Canada, grand constructeur de chemins de fer, grand colonisateur, grand créateur de villages catholiques et français, et grand ministre : hélas ! trop tôt arrêté dans sa carrière par une mort prématurée, et héroïquement chrétienne. Avant son départ pour le Canada il avait voulu nous revoir encore, et c'est à Chartres qu'il porta, avant de quitter la France, ses derniers pas. Nous espérions bien qu'il reviendrait ; nous avons du moins revu à sa place son intime ami, M. Mercier, dont il était aussi le grand auxiliaire au ministère. Voilà comment nous allons avoir l'honneur d'entendre la parole forte, vibrante et française, que nous apporte l'illustre ministre et orateur Canadien.

M. Mercier, d'ailleurs, est presque notre compatriote par ses aïeux, puisque son premier ancêtre canadien était venu d'un petit village situé aux frontières de notre département, Tourouvre : Tourouvre, que, par un sentiment délicat qui l'honore, il a voulu revoir, et qui lui a fait, ainsi du reste que la Normandie tout entière, que Mortagne et que Caen, l'accueil enthousiaste que méritait son patriotisme et sa personne, et son nom et sa gloire. J'ose dire que, en ce qui est de nos sympathiques respects pour lui, les Chartrains, pour aujourd'hui, seront Normands.

Chartres d'ailleurs, Mesdames et Messieurs, n'est pas sans avoir de nombreux liens avec le Canada. C'est un jésuite français, dont le nom, si je ne me trompe, est encore honorablement porté à Chartres, le Père Bouvard, qui convertit à la foi chrétienne les indigènes du pays où les colons français devaient plus tard bâtir Québec ; et nous en avons un mémorial permanent dans notre crypte, cet *ex-voto* des Hurons et des Abnaquis, unique monument peut-être qui survit de leur langue et de leur nationalité éteintes. Et c'est le pays chartrain qui a donné au Canada un de ses plus grands évêques, l'immortel fondateur de l'Université qui porte encore aujourd'hui son nom, Mgr de Montmorency-Laval, dont un prêtre Canadien, qui récemment encore voulait bien aussi nous visiter, et que je suis heureux de saluer ici, M. l'abbé

Gosselin, vient d'écrire la splendide histoire. Et ce que vous ne savez peut-être pas, c'est que l'Evêque de Chartres a l'honneur d'être chanoine d'un diocèse canadien, et que l'Evêque de ce diocèse, dont je vois avec bonheur l'illustre frère ici, M. Fabre, commissaire général du Canada en Fance, est chanoine de notre cathédrale.

Mais, quel que soit l'intérêt de ces liens et de ces souvenirs, et quelques titres peut-être qu'ils nous créaient à l'attention spéciale de M. Mercier, c'est surtout, Mesdames et Messieurs, le Canadien d'origine française, toujours fidèle de cœur à la mère patrie, qui nous fait l'honneur de nous visiter, et que nous, nous accueillons, nous acclamons, lui et les honorables représentants du Canada qui l'accompagnent. Il vient nous parler de ce Canada, dont le nom seul éveille dans les âmes françaises tant de sympathies et de regrets : magnifique pays, plein de ressources et d'avenir, placé aujourd'hui sur la voie d'un progrès dont nul ne peut prévoir le terme, et que nous souhaitons, nous Français, non moins ardemment que les Canadiens eux-mêmes. Il va nous dire l'amour persistant, invincible, des Canadiens pour la France : amour que le premier peut-être de leurs poètes nationaux a exprimé en si beaux vers.

Nous sommes donc ici, Mesdames et Messieurs, nous avons le bonheur d'être, tous, sur un terrain commun, où, grâce à Dieu, les divisions, les divisions douloureuses, qu'on a le bonheur d'ignorer au Canada, n'ont pas de place : et ce terrain c'est le patriotisme ; c'est le beau, le grand, le saint amour de la patrie française !

Quand le bruit des applaudissements prolongés qui ont suivi cette chaleureuse péroraison eut cessé de se faire entendre, M. Mercier s'est levé. Nous ne serons contredit par personne, en disant que la dignité de son maintien, l'élégance de sa haute taille, l'air de vive intelligence et de loyauté parfaite répandu sur son visage, ainsi que la noble simplicité de son débit, et l'émotion contenue que l'on sentait dans ses paroles, lui ont dès le début conquis les sympathies de l'auditoire. Le succès qu'il devait obtenir s'est affirmé, dès lors, et a été en grandissant jusqu'à la fin.

DISCOURS DE M. MERCIER

MONSEIGNEUR,

Le 24 mai dernier, j'avais l'honneur de recevoir, avec mes compagnons de voyage, votre généreuse et cordiale hospitalité.

Nous avions à peine eu le plaisir de faire votre connaissance, grâce à l'aimable et bon curé de Santeuil, M. Cantenot, qu'avec une vivacité toute française que je n'oublierai jamais, Monseigneur, vous me présentiez un fascicule de *La Revue Fénelon,* n° 10, 16 mai 1891, et m'invitiez à lire, aux pages 113 et 114, ce qui suit :

« M. l'abbé Lelong, compatriote de M. Le Nordez, a » toutes les qualités de l'esprit normand, l'observation » et la réflexion.

» Ses deux conférences sur le Canada français ont » été pour nous une révélation.

» Nous nous représentions le Canada sous un jour » favorable. A nos yeux, il était l'équivalent d'une » colonie française où nos compatriotes devaient

» trouver des frères et des situations lucratives,
» c'était un véritable Eldorado.

» M. l'abbé Lelong nous a montré le Canada fran-
» çais sous son vrai jour.

» L'amour des Canadiens pour la France est un
» mythe. Les habitants de la nouvelle France n'ont
» pour nous que de la politesse. Et quand ils nous
» invitent à aller au Canada, c'est pour nous faire
» cultiver leurs terres qu'ils abandonnent pour les
» professions libérales. C'est une véritable traite des
» blancs.

» L'opinion que M. Lelong nous a donnée du
» Canada, n'est pas celle que feu Mgr Labelle et
» M. Mercier ont essayé de nous faire partager.

» J'aime mieux me rallier à l'opinion de M. l'abbé
» Lelong, qui ne parle pas en Canadien, mais en
» Français ayant résidé en Canada.... »

C'était un extrait du rapport fait, le mardi 28 avril, à la Société Sainte-Geneviève, des travaux de l'année 1890-1891, par M. l'abbé Murco, vicaire à Saint-Thomas-d'Aquin, à Paris.

Après avoir lu, je vous regardai, Monseigneur, avec une angoisse pénible, cherchant dans vos yeux, si pleins de bonté, à deviner ce que vous pensiez de ces paroles si injurieuses aux Canadiens.

Cette angoisse ne dura qu'un instant, car vous eûtes la bonté de me dire : « Mais lisez donc ce que j'ai mis en marge ! » Et je lus, écrit de votre main, le mot « Odieux ! ».

Vous dire le bonheur que j'éprouvai à la lecture de ce mot, véritable cri de votre cœur français, tombé de votre plume amicale, est impossible et j'y renonce. Cependant, laissez-moi vous dire que ce mot nous a fait du bien, à mes compagnons de voyage et à moi,

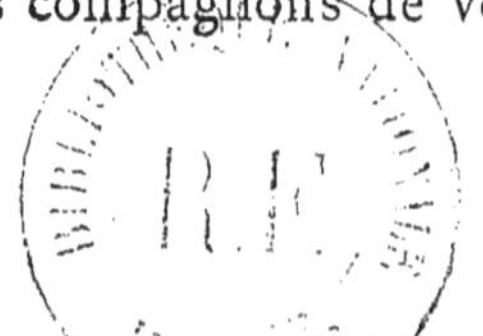

et que tant que nous vivrons, nous vous bénirons pour avoir bien voulu venger le Canada de cette sanglante injure, si peu méritée, lancée sans réflexion, et j'aime à le croire, sans le vouloir, par deux prêtres français.

C'est pour répondre à cette calomnie, et sur votre bienveillante invitation, Monseigneur, que je suis ici ce soir. Je vais essayer de le faire avec plus de calme que je n'en ai ; et je tâcherai de ne point mettre dans mes paroles l'amertume dont mon cœur de Canadien-français est rempli.

Le rapporteur, M. l'abbé Murco, déclare « aimer » mieux se rallier à l'opinion de M. l'abbé Lelong, » qui ne parle pas en canadien, mais en français » ayant résidé au Canada, » que d'accepter l'opinion » que feu Mgr Labelle et M. Mercier ont essayé de » lui faire partager. »

Il y a, dans ces paroles, l'aveu assez étrange d'un homme qui parle d'une chose qu'il ne connaît pas : M. l'abbé Murco n'a pas résidé au Canada comme M. l'abbé Lelong. Comment peut-il aimer mieux se rallier à l'opinion de celui-ci qu'à celle d'un prélat illustre et à la mienne ? Ce sont deux témoins contre un ; deux témoins qui connaissent à fond ce dont ils parlent, contre un témoin qui ne sait rien du tout. Combien de temps l'abbé Lelong est-il resté au Canada ? Moins de deux ans, me dit-on. Où a-t-il été durant son séjour ? Au séminaire de Saint-Sulpice, à Montréal, me dit-on encore. C'est-à-dire dans une communauté composée, en bonne partie, de français venus de la vieille France. Assurément, ce n'est point chez ces Messieurs, tous amis dévoués du Canada, qu'il a recueilli cette impression mauvaise et erronée. J'insiste sur ce point, car, interrogez qui vous voudrez au Canada, et l'on vous dira que les français du séminaire de Saint-Sulpice, à Montréal, dirigés par M. l'abbé Collin, un homme aussi distingué par ses vertus de prêtre que par ses nobles qualités de citoyen, aiment notre pays et connaissent les sentiments affectueux de ses habitants pour la France. Quant aux membres canadiens de cette grande institution, que tout le monde respecte chez nous, ils ne peuvent être accusés, je les en défends d'avance, d'un tel acte de trahison nationale. Je le dis hautement, et avec fierté : le prêtre canadien-français reste patriote ; et si l'habit religieux qu'il porte avec tant de dignité l'empêche d'exprimer ses sentiments aussi haut que d'autres, nous les connaissons, nous, ces sentiments, et nous serions injustes si nous ne les affirmions énergiquement.

L'accusation repose sur deux chefs :

1° « L'amour des Canadiens-français pour la France » est un mythe ; »

2° « Quand nous invitons les français à venir au » Canada, c'est pour leur faire cultiver nos terres, » que nous abandonnons pour les professions libé» rales. C'est une véritable traite des blancs. »

Je répondrai d'abord, si vous voulez bien le permettre, à la seconde accusation. Elle peut se résumer dans la formule suivante :

« Les français qui viennent au Canada sont des » esclaves, et n'ont aucune chance d'atteindre des » positions honorables et lucratives. Ils doivent se » contenter d'être des domestiques de ferme. »

Laissons les arguments de côté ; citons des faits : c'est le meilleur moyen, et le plus sûr, de détruire cette trop regrettable assertion.

Tous les français, laborieux et honnêtes, instruits ou non instruits, riches ou pauvres, qui sont venus au Canada durant les 50 dernières années, ont réussi, non seulement à acquérir une modeste aisance, mais, quelquefois, de jolies fortunes, et de hautes positions sociales, politiques ou administratives.

Permettez-moi de vous donner quelques noms qui en diront plus que des phrases.

Charles de Cazes, breton, vint au Canada vers 1856. Il achète, dans les cantons de l'est, près de Danville, une grande ferme; et en 1860, il est député, membre de l'assemblée législative de l'ancienne province du Bas-Canada, représentant les divisions électorales de Wolfe et Richmond, habitées par des électeurs français et anglais. Et il meurt fonctionnaire public, avec un traitement respectable.

Ses deux fils occupent aujourd'hui des positions honorables : l'un, dans le Nord-Ouest, et l'autre, à Québec. Celui-ci, Paul de Cazes, est chef de cabinet dans le ministère de l'instruction publique, avec un traitement de douze mille francs par année.

M. Aubry, revenu en France il a quelques années, fut longtemps professeur de droit romain à l'Université Laval, à Québec.

L'honorable M. Joly de Lotbinière, né à Paris, allié aux grandes familles du Comte Sénateur de Douai, de Prémesnil, de Boisguilbert et autres, a été premier ministre de la province de Québec, qu'il a gouvernée avec autant de talent que d'honnêteté. Il a été longtemps député de Lotbinière, division électorale à laquelle sa famille a donné son nom, et il le serait encore s'il l'eût voulu. Il est aujourd'hui président de la Chambre d'agriculture et dirige mon ministère d'agriculture et de colonisation pendant mon absence. C'est un gentilhomme qui a le respect de tous et dont on est fier d'avoir l'amitié.

M. Paul Letondal, fut longtemps professeur de musique au Collège des Jésuites à Montréal, et jouit actuellement, à Paris, avec son estimable famille, d'une modeste fortune, acquise au Canada.

M. Picault, mort à Montréal il y quelques années, était un de nos principaux négociants. Il a laissé une famille estimée et à l'aise.

Paul Stevens, a occupé plusieurs positions importantes, et son fils est aujourd'hui conservateur des hypothèques de la division de Soulanges.

M. de la Ponterie, écrivain distingué, fut longtemps rédacteur de « *La Patrie* » et de « *La Minerve;* et M. Edouard Sempé, rédacteur de « *L'Ordre* »; tous deux ont joui, à Montréal, d'une haute considération.

M. Chanteloup, qui vient de mourir, était un de nos grands industriels, arrivé au Canada simple ouvrier et pauvre. Il a laissé à sa sœur, partie de France pour le Canada, l'an dernier, une fortune considérable, estimée à deux millions.

Toronto, la capitale d'Ontario, a eu, pendant plus de trente ans, pour évêque, Mgr de Charbonnel, qui vient de mourir ici, en France, après avoir laissé au Canada les meilleurs souvenirs; et son vicaire général, M. Laurent, mort aussi l'hiver dernier, à Toronto, était un des hommes les plus importants de l'Ontario.

L'abbé Santenac, ancien missionnaire de l'Algérie, est aujourd'hui à la tête de la grande paroisse de Roxton, où il jouit de la plus haute considération. C'est un digne prêtre et un noble français.

La sœur Saint-Maurice, femme française remarquable, après avoir fondé le couvent de la Présentation, à Saint-Hyacinthe, il y a quelques années, est devenue, plus tard, supérieure générale de sa communauté à Saint-Andréol, en France ; celle qui l'a remplacée est une française et se trouve actuellement à la tête de plus de cinquante maisons, sorties de celle de Saint-Hyacinthe.

Le Séminaire de Saint-Sulpice, à Montréal, une des plus anciennes et des plus grandes institutions du Canada, possédant une immense fortune et un grand nombre de prêtres français, est actuellement sous la haute et intelligente direction de M. l'abbé Collin, français de naissance ; et vous trouvez, à l'église Saint-Jacques de Montréal, une des plus importantes paroisses de la métropole canadienne, des prêtres venus de France, qui nous apprennent l'amour de la religion et de la patrie de nos ancêtres, sous l'égide d'un archevêque respecté, Mgr Fabre, canadien de naissance et français de cœur. Ses sentiments patriotiques sont partagés par tous nos évêques, qui ont à leur tête un prince de l'Eglise, le vénéré cardinal Taschereau.

Le Père Martin a fondé, vers 1840, le collège des Jésuites à Montréal. Il est venu mourir à Paris, après avoir consolidé les assises d'un des plus beaux collèges de l'Amérique, soutenu par des donations canadiennes ; et l'on trouve encore, au collège Sainte-Marie, quelques religieux venus de France, jouissant de l'estime et de l'amour de plusieurs générations de citoyens, parmi lesquels j'ai l'honneur de compter, qui ont puisé, à cet *Alma Mater*, les principes qui font les chrétiens et les patriotes.

Nous avons encore les clercs de Saint-Viateur, les Frères Maristes, les Frères de Sainte-Croix, et combien d'autres ? qui possèdent dans la province de Québec des établissements religieux et des maisons d'éducation, fondés par des hommes de ce pays, dans lesquels on apprend, avec succès, je crois, à rester catholique et français.

Saint-Hyacinthe a reçu d'ici, il y a quelques années, les Dominicains qui y ont construit un monastère important, dont le Prieur est curé de la paroisse, et qui envoie, dans toutes les parties de l'Amérique, grâce aux ressources que la générosité publique lui fournit, quelques-uns des meilleurs et des plus célèbres prédicateurs.

Les Frères des Ecoles chrétiennes ont un grand nombre d'établissements remarquables à Montréal, à Québec, et ailleurs. Venus en Canada vers 1837, ils ont pu construire, 'tout dernièrement, sur la rue Sherbrooke à Montréal, un grand collège dont le coût dépasse un demi-million.

Ajoutez d'autres grandes communautés, qui font l'orgueil de notre province, et qui sèment partout avec profusion les bienfaits d'une éducation chrétienne, ou qui répandent abondamment les œuvres de la plus admirable charité : les Ursulines et l'Hôtel-Dieu, de Québec ; la Congrégation, fondée par la sœur Bourgeois, les Sœurs Grises, établies par Mme d'Youville et l'Hôtel-Dieu, trois communautés de Montréal,possédant des ressources immenses, et vous serez bien forcés d'admettre que *la traite des blancs* qui viennent de France n'existe seulement que dans l'imagination de ceux qui ont inventé ce mot malheureux.

Il ne faut pas oublier, dans cette nomenclature, les P. P. Oblats, établis par des français chez nous, et dirigés, pendant plus de trente ans, par un français distingué, le P. Antoine, actuellement à Paris, et qui a joui chez nous d'une grande popularité et y a laissé les meilleurs souvenirs, comme homme prudent, habile et d'un tact admirable.

Je n'en finirais point si je vous donnais tous les noms des français qui habitent actuellement le Canada et qui y occupent des positions fort belles. Quelques-uns suffiront, je l'espère :

M. Deville, enseigne de vaisseau français, auteur de plusieurs cartes géographiques du Canada, gendre de M. Ouimet, surintendant de l'instruction publique;

M. Devismes, ancien employé du gouvernement de Québec;

M. Obalski, ingénieur des Mines de mon gouvernement; traitement: huit mille francs.

MM. André, Bonnin, et Temple, professeurs à l'école polytechnique de Montréal, ce dernier nommé tout récemment directeur des écoles de dessin, avec un traitement de 7.000 francs;

Sauvalle, député protonotaire, à Montréal, traitement 9000 francs;

Paul Cousin, architecte, employé de mon gouvernement, en retraite;

Dessanne, aussi employé de mon gouvernement, en retraite;

Ledieu, chef des traducteurs français de l'assemblée législative de Québec; traitement, 9.000 francs;

Frédéric Gautier, de Winnipeg, employé supérieur de la compagnie du chemin de fer du Pacifique et ancien secrétaire et aide de camp du regretté Letellier de Saint-Just, lieutenant-gouverneur de la province de Québec;

Et les Galibert, et les Jacot, les Beullac, les Schwob, les Roumilhac, les Beauttey, les Pourtier, les Mathie, etc., etc.

Voilà des noms français bien connus au Canada, et qui jouissent, ou ont joui, durant leur vie, non seulement d'une fortune considérable, mais de l'estime générale.

M. Schwob, alsacien de naissance, est un des plus riches négociants de Montréal et est vice-consul de France. Il a le respect de tous, grâce à son amabilité, sa grande probité.

M. de Beaufort est mort, il y a quelques années, laissant à Montréal de vastes propriétés d'une grande valeur.

M. Lorrain, littérateur et fonctionnaire public, fut longtemps maire d'Iberville où il exerce, avec talent et succès, la profession d'avocat.

Pourquoi insister davantage? Nous trouvons au Canada des Français distingués, répandus partout, arrivés à des postes d'honneur et portant avec dignité le nom de votre beau pays.

Chez nous, le Français n'est pas un étranger. C'est un frère aîné que nous respectons et qui ne manque pas de se faire une excellente position, en peu de temps, s'il sait travailler et se bien conduire.

J'en ai dit assez, je l'espère, pour détruire victorieusement, non par des arguments mais par des faits, faciles à constater, la première accusation portant que les Français qui viennent au Canada ne sont que des domestiques et que nous pratiquons, à leur égard, *la traite des blancs.*

Bien plus, je puis demander sans crainte, à qui que ce soit, de me nommer un pays au monde, un seul, en dehors de la France, surtout une seule colonie anglaise, où les Français sont aussi bien traités qu'au Canada.

Avant de passer à la seconde accusation, je sens le besoin de m'excuser d'avance de tous les noms de français importants et en évidence, au Canada, que le défaut de mémoire ou la nécessité d'abréger me fait omettre.

J'ai le droit, et j'exerce ce droit avec orgueil, de déclarer que cette première accusation est fausse et injuste. Celui qui l'a portée devra la retirer, s'il est gentilhomme et digne de l'habit respectable qu'il porte.

L'autre accusation est que « l'amour des Canadiens pour la France est un mythe. »

Cette assertion m'a fait du mal au cœur et blessera profondément, quand elle sera connue de mes compatriotes, leurs sentiments si dévoués à la France.

Si nous n'aimions pas la France, Monseigneur, pourquoi en aurions-nous conservé si religieusement la langue et les traditions? Pourquoi aurions-nous mis, dans notre constitution, cet article organique qui fait de notre langue une des langues officielles du Canada et vu, à ce que tous les documents publics soient, de droit, imprimés dans cette langue, alors que l'anglais était tout puissant? Pourquoi aurions-nous réclamé le droit de plaider en français devant les tribunaux, et de défendre nos droits politiques dans les législatures et les assemblées publiques, dans l'idiome de nos pères?

Si nous n'étions pas français, pourquoi nos martyrs de 1837 et 1838 auraient-ils fait le coup de feu à Saint-Denis, Saint-Charles, Lacolle et Saint-Eustache; ou seraient-ils montés bravement sur les échafauds politiques sur lesquels ils moururent héroïquement en criant: « Vive la France! Vive la liberté! » Lisez leur touchante histoire écrite par David, leur écrivain aussi patriotique qu'élégant, et vous pleurerez comme nous pleurons nous-mêmes à cette lecture.

Si nous n'aimions pas la France, pourquoi prélèverions-nous des impôts considérables pour maintenir des écoles, des collèges, des académies, des couvents et des universités, où la langue française est enseignée religieusement?

Si nous n'avions pas aimé la France, dites-le moi, vous qui me faites l'honneur de m'écouter, pourquoi aurions-nous pleuré avec vous, en 1870, quand les malheurs de la guerre sont venus vous écraser? Pourquoi aurions-nous recueilli, sou par sou, dans nos villes et dans nos campagnes, chez les pauvres et chez les riches, chez les ouvriers, chez les cultivateurs et chez les négociants, chez les hommes de profession, dans le clergé, ces milliers de francs qu'on vous envoyait pour secourir vos blessés, frappés sur les champs de bataille par les balles prussiennes.

Si nous n'étions pas restés français, pourquoi, dans nos fêtes religieuses et nationales, porterions-nous avec bonheur et orgueil le drapeau de la vieille France, cette mère toujours restée chère à nos cœurs ?

Si nous n'aimions pas la France, pourquoi aurions-nous conservé vos anciennes lois, vos vieilles coutumes, vos traditions, et tout ce qui constituait la France autrefois ?

Si nous n'aimions pas la France, permettez-moi de vous le demander, pourquoi serions-nous restés catholiques, quand tout nous invitait, la fortune, les honneurs, les séductions, à devenir anglais et protestants ?

Si nous n'étions pas restés français, pourquoi aurions-nous conservé, dans toutes nos campagnes, ces noms vénérés qui nous rappellent nos ancêtres glorieux et que nous prononçons toujours avec amour, de Gaspé, Lévis, Montcalm, Champlain, Jacques-Cartier, Iberville, Montmorency, Laval, Charlevoix, Vaudreuil, Rigaud, Lotbinière, Verchères, Varennes, Montmagny, et cent autres que je pourrais vous dire si j'en avais le temps ?

Si nous n'étions pas restés français, messieurs,

pourquoi nos poètes, nos historiens et tous nos littérateurs s'inspireraient-ils de la France pour créer des chefs-d'œuvre, que nous sommes fiers de lire dans nos fêtes publiques?

Si nous n'étions pas restés français, pourquoi nos villes et nos villages auraient-ils arboré les couleurs de la France pour recevoir vos nobles enfants, quand ils sont venus nous visiter?

Si nous n'étions pas restés français, pourquoi nos populations se découvriraient-elles au passage de vos navires de guerre; pourquoi fêteraient-elles vos marins, comme elles le font, chaque fois qu'ils entrent dans nos ports? Si nous n'étions pas restés français, pourquoi nos vieillards se seraient-ils écriés, en 1855, à l'arrivée de votre cuirassé « La Capricieuse » : « Voilà nos gens qui reviennent! »

Si nous n'étions pas restés français, pourquoi notre clergé canadien, si vertueux et si digne, conserverait-il avec tant de piété, et répandrait-il avec tant de profusion, les grands principes de la religion de nos pères? Pourquoi tiendrait-il, si haut et si ferme, le drapeau de la foi qui nous a sauvés dans le passé, qui nous maintient dans le présent, et qui nous dirigera toujours dans l'avenir?

Si nous n'étions pas restés français, pourquoi aurions-nous, l'an dernier, élevé à Jacques Cartier et à de Brébeuf, sur les rives pittoresques de la rivière Saint-Charles, près de Québec, un monument qui rappelle à nos populations le respect qu'elles doivent avoir pour la mémoire d'un grand français, découvreur du Canada, et d'un saint religieux, martyr pour la foi de nos pères et des vôtres?

Si nous n'étions pas restés français, pourquoi l'excellent abbé Gosselin, curé de Saint-Ferréol, dans le comté de Montmorency, un digne prêtre et un écrivain distingué, serait-il en France, depuis quelque temps, fouillant les bibliothèques, cherchant, dans tous les registres publics, les renseignements nécessaires pour conserver au Canada la mémoire de l'illustre de Laval, premier évêque de Québec ? Et pourquoi l'abbé Casgrain viendrait-il ici, chaque année, demander aux grandes familles de France, comme celle de Lévis, en s'adressant au comte de Nicolaï, pour obtenir des précieux manuscrits et les publier, aux frais de la province, toujours dans le but de perpétuer le culte des ancêtres ?

Pourquoi encore, Mgr Jouguoy, fonctionnaire public et piocheur infatigable, aurait-t-il consacré vingt ans de sa vie à demander à nos vieux registres de paroisses les secrets de nos familles, de leur origine et de leur formation, afin de rattacher sûrement ces familles aux vôtres ?

Si nous n'étions pas restés français, pourquoi la femme canadienne, endormant son fils sur ses genoux, lui chante-t-elle les vieux refrains bretons et normands, et lui murmure-t-elle à l'oreille, après le nom de Dieu, celui de la France ?

Si nous n'étions pas restés français, pourquoi aurions-nous reçu, d'une manière si triomphale, il y a près de cinquante ans, Mgr de Forbin Janson, évêque de Nancy, dans toutes nos villes, dans tous nos villages,et dans toutes nos campagnes? Pourquoi les rues, les routes, les maisons, les rivières, les fleuves étaient-ils pavoisés, aux couleurs de la France, pour honorer ce grand évêque français, qui venait visiter ses frères d'outre-mer ?

Si nous n'étions pas français, pourquoi toute la population de Montréal et des environs, se pressait-elle autour de la chaire de Notre-Dame, il y a deux ans, pour entendre la parole chaude et virile d'un autre évêque de France, Mgr Soulé, qui a laissé, là-bas, tant de souvenirs impérissables ainsi que ces deux autres prédicateurs français, rivaux en éloquence, au point que l'on ne savait à qui donner la palme, les P. P. Babonneau et Plessis ? Chaque fois qu'ils ont parlé, la foule se pressait pour les admirer, et les applaudir, s'ils l'eussent osé, dans le lieu saint !

Si nous n'étions pas français, pourquoi aurions-nous reçu avec tant d'éclat le général de Charette, le héros de Loigny et le père de nos zouaves canadiens ?

Si nous n'étions pas français, pourquoi aurions-nous reçu avec tant de respect le comte de Paris et ses compagnons distingués, représentants des grandes familles de France ? Pourquoi aurions-nous reçu, avec tant de plaisir, l'an dernier, les membres du Club Alpin, ces hommes remarquables dans les lettres, les sciences et la politique, qui venaient nous faire visite, tant d'autres des vôtres qui, tous, retournaient heureux d'avoir pu constater tant d'attachement et de fidélité?

Si nous n'étions pas français, pourquoi aurions-nous confondu sur le même marbre, dans une pieuse affection, les noms de Wolfe et Montcalm, tous deux tombés sur le champ d'honneur, devant Québec, en 1759? Les vaincus, d'ordinaire, ne sont-ils pas plus empressés à rendre un hommage à la force des vainqueurs tout puissants, qu'à célébrer la valeur des vaincus impuissants?

Si nous n'étions pas restés français, pourquoi Mgr Labelle serait-il venu deux fois en France pour vous empêcher, vous autres français, d'oublier complètement votre ancienne colonie ? Et pourquoi serait-il revenu chez nous avec cette foule de français distingués auxquels nous avons donné, dans nos villes et dans nos villages, la plus cordiale hospitalité?

Si nous n'étions pas restés français, pourquoi maintiendrions-nous, à Paris, un bureau officiel destiné à renseigner les français sur les conditions agricoles, industrielles et économiques du Canada, bureau placé sous la direction de M. Hector Fabre, ancien sénateur du Canada, et maintenant parisien aussi fin que délicat?

Si nous n'étions pas restés français, pourquoi nous serions-nous associés à l'œuvre éminemment catholique de la fondation de votre église du Sacré-Cœur, à Montmartre? Et pourquoi nos évêques, toujours zélés pour les choses pieuses, auraient-ils demandé et obtenu des souscriptions aussi abondantes que nombreuses, à cette occasion?

Voulez-vous savoir jusqu'à quel point nous sommes restés français, et comment la France est aimée au Canada, au sein de cette brave population que vous aimeriez, si vous la connaissiez? Ecoutez, avant de répondre, et quand vous aurez entendu ce que je vais vous lire, vous direz, j'en suis sûr, du plus profond de votre cœur: « Oui, les canadiens aiment la France! et leur amour n'est pas un mythe! »

Écoutez ces accents si chauds de patriotisme français que nous donne Crémazie dans ce morceau intitulé :

LE VIEUX SOLDAT CANADIEN

Vous souvient-il des jours, vieillard de ma patrie,
Où nos pères, luttant contre la tyrannie,
Par leurs nobles efforts sauvaient notre avenir?
Frémissant sous le joug d'une race étrangère,
Malgré l'oppression, leur âme toujours fière
De la France savait garder le souvenir.

Or, dans ces tristes temps où même l'espérance
Semblait ne pouvoir plus adoucir la souffrance,
Vivait un vieux soldat au courage romain,
Descendant des héros qui donnèrent la vie
Pour graver sur nos bords le nom de leur patrie,
La hache sur l'épaule et le glaive à la main.

Mutilé, languissant, il coulait en silence
Ses vieux jours désolés, réservant pour la France
Ce qui restait encore de son généreux sang;
Car dans chaque combat de la guerre suprême
Il avait échangé quelque part de lui-même
Pour d'immortels lauriers conquis au premier rang.

. . . .

Quand le vent, favorable aux voiles étrangères,
Amenait dans le port des flottes passagères,
Appuyé sur son fils, il allait aux remparts,
Et là, sur ce grand fleuve où son heureuse enfance
Vit le drapeau français promener sa puissance,
Regrettant ces beaux jours, il jetait ses regards !

. . . .

Ses regards affaiblis interrogeaient la rive,
Cherchant si les Français que, dans sa foi naïve,
Depuis de si longs jours il espérait revoir,
Venaient sous nos remparts déployer leur bannière;
Puis, retrouvant le feu de son ardeur première,
Fier de ses souvenirs, il chantait son espoir.

CHANT DU VIEUX SOLDAT CANADIEN

« Pauvre soldat, aux jours de ma jeunesse,
» Pour vous, Français, j'ai combattu longtemps;
» Je viens encor, dans ma triste vieillesse,
» Attendre ici vos guerriers triomphants.
» Ah ! bien longtemps, vous attendrai-je encore
» Sur ces remparts où je porte mes pas ?
» De ce grand jour quand verrai-je l'aurore ?
» Dis-moi, mon fils, ne paraissent-ils pas ?

. . . .

» Qui nous rendra cette époque héroïque
» Où, sous Montcalm, nos bras victorieux.
» Renouvelaient dans la jeune Amérique
» Les vieux exploits chantés par nos aïeux ?
» Ces paysans qui, laissant leurs chaumières,
» Venaient combattre et mourrir en soldats,
» Qui redira leurs charges meurtrières ?
» Dis-moi, mon fils, ne paraissent-ils, pas ?

. . . .

» Pauvre vieillard, dont la force succombe,
» Rêvant encor l'heureux temps d'autrefois,
» J'aime à chanter sur le bord de ma tombe
» Le saint espoir qui réveille ma voix.
» Mes yeux éteints verront-ils dans la nue
» Le fier drapeau qui couronne leurs mâts ?
» Oui, pour le voir, Dieu me rendra la vue !
» Dis-moi, mon fils, ne paraissent-ils pas ?...

Un jour, pourtant, que grondait la tempête,
Sur les remparts on ne le revit plus.
La mort, hélas ! vint courber cette tête
Qui tant de fois affronta les obus.
Mais, en mourant, il redisait encore
A son enfant qui pleurait dans ses bras :
« De ce grand jour tes yeux verront l'aurore,
» Ils reviendront ! et je n'y serai pas ! »

Tu l'as dit, ô vieillard, la France est revenue.
Au sommet de nos murs, voyez-vous dans la rue
Son noble pavillon dérouler sa splendeur ?
Ah ! ce jour glorieux où les Français, nos frères,
Sont venus pour nous voir du pays de nos pères,
Sera le plus aimé de nos jours de bonheur.

C'était l'arrivée, en 1855, de la frégate française, « La Capricieuse, » à laquelle le poète faisait allusion.

Écoutez maintenant la plainte inspirée par le départ :

ENVOI AUX MARINS DE LA « CAPRICIEUSE »

Quoi ! déjà nous quitter ! Quoi ! sur notre allégresse
Venir jeter sitôt un voile de tristesse ?

De contempler souvent votre noble étendard
Nos regards s'étaient fait une douce habitude.
Et vous nous l'enlevez! Ah! quelle solitude
Va créer parmi nous ce douloureux départ!

Vous partez. Et bientôt, voguant vers la patrie,
Vos voiles salueront cette mère chérie!
On vous demandera, là-bas, si les Français
Parmi les Canadiens ont retrouvé des frères.
Dites-leur que, suivant les traces de nos pères,
Nous n'oublierons jamais leur gloire et leurs bienfaits.

Car, pendant les longs jours où la France oublieuse
Nous laissait à nous seuls la tâche glorieuse
De défendre son nom contre un nouveau destin,
Nous avons conservé le brillant héritage
Légué par nos aïeux, pur de tout alliage,
Sans jamais rien laisser aux ronces du chemin.

Enfants abandonnés bien loin de notre mère,
On nous a vus grandir à l'ombre tutélaire
D'un pouvoir trop longtemps jaloux de sa grandeur,
Unissant leurs drapeaux, ces deux reines suprêmes,
Ont maintenant chacune une part de nous-mêmes:
Albion notre foi, la France notre cœur.
Adieu, notre drapeau! te verrons-nous encore
Déployant au soleil ta splendeur tricolore?
Emportant avec toi nos vœux et notre amour,
Tu vas sous d'autres cieux promener ta puissance.
Ah! du moins en partant, laisse-nous l'espérance
De pouvoir, ô Français, chanter votre retour.

. . . .

Je ne puis résister à l'envie de vous lire cette belle page du même poète:

LE DRAPEAU DE CARILLON

Pensez-vous quelquefois à ces temps glorieux
Où seuls, abandonnés par la France leur mère,
Nos aïeux défendaient son nom victorieux
Et voyaient devant eux fuir l'armée étrangère?

Regrettez-vous encor ces jours de Carillon,
Où, sous le drapeau blanc, enchaînant la victoire,
Nos pères se couvraient d'un immortel renom
Et traçaient de leur glaive une héroïque histoire?

. . . .

De nos bords s'élevaient de longs gémissements,
Comme ceux d'un enfant qu'on arrache à sa mère;
Et le peuple attendait plein de frémissements
En implorant le ciel dans sa douleur amère,
Le jour où pour la France et son nom triomphant
Il donnerait encore et son sang et sa vie;
Car, privé des rayons de ce soleil ardent,
Il était exilé dans sa propre patrie.

. . . .

L'intrépide guerrier que l'on vit des lis d'or
Porter à Carillon l'éclatante bannière,
Vivait au milieu d'eux. Il conservait encor
Ce fier drapeau qu'aux jours de la lutte dernière
On voyait dans sa main briller au premier rang.
Ce glorieux témoin de ses nombreux faits d'armes
Qu'il avait tant de fois arrosé de son sang,
Il venait chaque soir l'arroser de ses larmes.

Et le dimanche, après qu'aux voûtes du saint lieu
Avaient cessé les chants et l'ardente prière
Que les vieux canadiens faisaient monter vers Dieu,
On les voyait se rendre à la pauvre chaumière
Où, fidèle gardien, l'héroïque soldat
Cachait comme un trésor cette relique sainte.
Là, des héros tombés dans le dernier combat,
On pouvait un instant s'entretenir sans crainte.

De Lévis, de Montcalm, on disait les exploits,
On répétait encor leur dernière parole,
Et quand l'émotion, faisant taire les voix
Posait sur chaque front une douce auréole
Le soldat déployait à leurs yeux attendris
L'éclatante blancheur du drapeau de la France;
Puis, chacun retournait à son humble logis
Emportant dans son cœur la joie et l'espérance,

Un soir que, réunis autour de ce foyer,
Ces hôtes assidus écoutaient en silence
Les longs récits empreints de cet esprit guerrier
Qui seul adoucissait leur amère souffrance;
Ces récits qui semblaient à leurs cœurs désolés
Plus pur que l'aloès, plus doux que le cinname,
Le soldat, rappelant les beaux jours envolés,
Découvrit le projet que nourrissait son âme.

« O mes vieux compagnons de gloire et de malheur!
» Vous qu'un même désir autour de moi rassemble,
» Ma bouche répondant au vœu de votre cœur
» Vous dit, comme autrefois, nous saurons vaincre ensemble,
» A ce grand roi pour qui nous avons combattu,
» Racontant les douleurs de notre sacrifice,
» J'oserai demander le secours attendu
» Qu'à ses fils malheureureux doit sa main protectrice.

» Emportant avec moi ce drapeau glorieux,
» J'irai, pauvre soldat, jusqu'au pied de son trône,
» Et lui montrant ici ce joyaux radieux
» Qu'il a laissé tomber de sa noble couronne,
» Ces enfants qui vers Dieu se tournant chaque soir,
» Mêlent toujours son nom à leur prière ardente,
» Je trouverai peut-être un cri de désespoir
» Pour attendrir son cœur et combler votre attente. »

A quelque temps de là, se confiant aux flots,
Le soldat s'éloignait des rives du grand fleuve
Et dans son cœur, bercé des rêves les plus beaux,
Chantait l'illusion dont tout espoir s'abreuve.
De Saint-Malo, bientôt, il saluait les tours
Que cherche le marin au milieu de l'orage,
Et, retrouvant l'ardeur de ses premiers beaux jours,
De la vieille patrie il touchait le rivage.

. . . .

Quand le pauvre soldat avec son vieux drapeau
Essaya de franchir les portes de Versailles,
Les lâches courtisans, à cet hôte nouveau
Qui parlait « de nos gens, » de gloire, de batailles,
D'enfants abandonnés, des nobles sentiments

Que notre cœur bénit et que le Ciel protège,
Demandaient, en riant de ses tristes accents,
Ce qu'importait au roi « quelques arpents de neige ? »
. . . .

Après de vains efforts, ne pouvant voir son roi,
Le pauvre Canadien perdit toute espérance.
Seuls, quelques vieux soldats des jours de Fontenoy
En pleurant avec lui consolaient sa souffrance.
Ayant bu jusqu'au fond la coupe de douleur,
Enfin il s'éloigna de la France adorée.
Trompé dans son espoir, brisé par le malheur,
Qui dira les tourments de son âme navrée !
. . . .

A ses vieux compagnons cachant son désespoir,
Refoulant les sanglots dont son âme était pleine,
Il disait que bientôt leur yeux allaient revoir
Les soldats des Bourbons mettre un terme à leur peine.
De sa propre douleur il voulut souffrir seul
Pour conserver intact le culte de la France.
Jamais sa main n'osa soulever le linceul
Où dormait pour toujours sa dernière espérance.
. . . .

Sur les champs refroidis jetant son manteau blanc,
Décembre était venu. Voyageur solitaire,
Un homme s'avançait d'un pas faible et tremblant
Au bord du lac Champlain. Sur sa figure austère,
Une immense douleur avait posé sa main.
Gravissant lentement la route qui s'incline,
De Carillon, bientôt, il prenait le chemin,
Puis enfin s'arrêtait sur la haute colline.

Là, dans le sol glacé fixant un étendard,
Il déroulait au vent les couleurs de la France ;
Planant sur l'horizon, son triste et long regard
Semblait trouver les lieux chéris de son enfance.
Sombre et silencieux il pleura bien longtemps
Comme on pleure au tombeau d'une mère adorée.
Puis, à l'écho sonore envoyant ses accents,
Sa voix jeta le cri de son âme éplorée :

« O Carillon ! je te revois encore,
Non plus, hélas ! comme en ces jours bénis
Où dans tes murs la trompette sonore
Pour te sauver nous avait réunis.
Je viens à toi, quand mon âme succombe
Et sent déjà son courage faiblir.
Oui, près de toi, venant chercher ma tombe,
Pour mon drapeau, je viens ici mourir.

» Mes compagnons, d'une vaine espérance,
Berçant encor leurs cœurs toujours français,
Les yeux tournés du côté de la France,
Diront souvent : reviendront-ils jamais ?
L'illusion consolera leur vie ;
Moi, sans espoir, quand mes jours vont finir,
Et sans entendre une parole amie,
Pour mon drapeau je viens ici mourir.

» Cet étendard qu'au grand jour des batailles
Noble Montcalm, tu plaças dans ta main,
Cet étendard qu'aux portes de Versailles,
Naguère, hélas ! je déployais en vain,
Je le remets aux champs où de ta gloire
Vivra toujours l'immortel souvenir,
Et, dans ma tombe, emportant ta mémoire,
Pour mon drapeau je viens ici mourir.

» Qu'ils sont heureux ceux qui, dans la mêlée,
Près de Lévis moururent en soldats !
En expirant, leur âme consolée
Voyait la gloire adoucir leur trépas,
Vous qui dormez dans votre froide bière,
Vous que j'implore à mon dernier soupir,
Réveillez-vous, apportant ma bannière,
Sur vos tombeaux, je viens ici mourir. »

A quelques jours de là, passant sur la colline,
A l'heure où le soleil à l'horizon s'incline.
Des paysans trouvaient un cadavre glacé,
Couvert d'un drapeau blanc. Dans sa dernière étreinte,
Il pressait sur son cœur cette relique sainte,
Qui nous redit encor la gloire du passé.

Voulez-vous entendre maintenant Fréchette, notre poète lauréat, exaltant l'héroïsme de vos missionnaires français? Ecoutez:

MISSIONNAIRES ET MARTYRS

Sceptiques ou croyants, oui, tous tant que nous sommes,
Courbons ici nos fronts, ceux-là furent des hommes,
Des soldats du progrès, des héros et des saints.
Peut-être surent-ils mieux encor que les autres,
Du Dieu, dont ils s'étaient faits les humbles apôtres,
Comprendre ici les grands desseins.

On n'avait guère vu spectacle plus étrange
Que cette courageuse et modeste phalange,
Pleine d'ardeur mystique et de projets virils,
Qui, nouveaux messagers de la parole sainte
Traversaient l'univers pour se jeter sans crainte
Au devant des plus grands périls.

Sol natal, amitié, rang, fortune, espérance,
Famille, ils quittaient tout avec indifférence;
Pas un seul qui faiblît au moment de partir.
Et pourtant qu'allaient-ils chercher sur nos rivages,
Sinon, après la vie errante des sauvages,
La mort sanglante du martyr?

Oh! lorsque je parcours nos annales naissantes,
Et que, tournant du doigt ces pages saisissantes,
J'essaye à suivre un peu par la pensée, au fond
De la forêt immense, encore inexplorée,
Ces immortels semeurs de la moisson sacrée,
J'en éprouve un trouble profond.

Vieux prêtres au front chauve, ou lévites imberbes,
Pieds nus, mais souriant, harassés, mais superbes,
Aux plus mortels dangers prodiguant leurs défis,
Je crois les voir encor dans leur ardeur sans borne,
Sans autre arme qu'un crucifix.

. . . .
. . . .
. . . .

Où ? Qu'importe ! leur zèle embrasse un hémisphère !
Sous des cieux incléments, si loin, que vont-ils faire ?
Quel but rêvent-ils donc, qui les fait tant oser ?
Où donc est le secret du feu qui les consume ?
C'est que leur mission en deux mots se résume :
Convertir et civiliser !

Devant ces deux grands mots, point d'obstacle qui tienne.
Oui, ces fiers envoyés de la France chrétienne
N'ont qu'un vœu, qu'un désir et qu'une ambition :
Conquérir, par l'effort de vertus surhumaines,
Des âmes à l'Église ; et de nouveaux domaines
A la civilisation.

Et l'un d'eux meurt de faim dans la forêt profonde ;
Un autre, sur le seuil d'un village qu'il fonde,
D'un coup de tomahawk a le crâne entr'ouvert ;
Celui-ci s'engloutit sous la vague écumante ;
Celui-là disparaît, perdu dans la tourmente
D'une terrible nuit d'hiver.

Ici c'est Daniel, expirant sous les balles,
Là c'est Jogue et Goupil, sur qui les cannibales,
De leur instinct, épuisent tout le fiel ;
Plus loin c'est Lallemant, Brébœuf, d'autres encore
Qui, sous le fer cruel et le feu qui dévore,
Meurent les yeux levés au ciel.

Bien plus, ce même Jogues, indomptable nature,
Après mainte agonie, au poteau de torture,
Réussit par miracle à tromper ses bourreaux ;
Mais perclus, mutilé, vers ces lieux où l'attire
La soif du sacrifice et l'amour du martyre,
Revient mourir en héros.

. . . .

O mon pays ! au cours des siècles qui vont naître,
Puissent tes fiers enfants ne jamais méconnaître
Ces humbles ouvriers de tes futurs destins !
Ils furent les premiers défricheurs de la lande :
Conserve toujours la plus fraîche guirlande
Pour ces vaillants des jours lointains !

Et nous qui recueillons — oui, croyants ou sceptiques, —
Les éternels bienfaits que ces hommes antiques.
Sur notre terre vierge ont semés en passant,
N'oublions pas qu'un jour l'arbre aux rameaux sans nombre,
Qui protège aujourd'hui nos enfants de son ombre,
A germé dans leur noble sang !

Après vos anciens missionnaires vient votre ancien drapeau, sous la plume inspirée de Fréchette.

LE DERNIER DRAPEAU BLANC

Combien ai-je de fois, le front mélancolique,
Baisé pieusement, touchante relique,
O Montcalm ! ce drapeau témoin de tant d'efforts,
Ce drapeau glorieux que chanta Crémazie ;
Drapeau qui n'a jamais connu d'apostasie
Et que la France, un jour, oublia sur nos bords !

Devant ces plis sacrés, troués par les tempêtes,
Qui tant de fois jadis ont tonné sur nos têtes,
Combien de fois, Montcalm, en rêvant du passé,
N'ai-je pas évoqué ta sereine figure,
Grande et majestueuse, ainsi que l'envergure
De l'aigle qu'un éclat de foudre a terrassé !

Je revoyais alors cette époque tragique,
Où, malgré ton courage et la force énergique
D'un peuple, dont on sait l'héroïsme viril,
Se déroula la sombre et cruelle épopée
Qui devait d'un seul coup, en brisant ton épée,
Te donner le martyre et nous coûter l'exil.

Je sentais frissonner cette page émouvante
Où l'on vit, l'arme au bras, calme, sans épouvante,
Par de vils brocanteurs, vendu comme un troupeau,
Raillé des courtisans, trahi par des infâmes,
Un peuple tout entier, vieillards, enfants et femmes
Lutter à qui mourra pour l'honneur du drapeau.

Ils furent longs ces jours de deuil et de souffrance !
Nous t'avons pardonné ton abandon, ô France !

Mais s'il nous vient encor parfois quelques rancœurs
C'est que, vois-tu, toujours, blessure héréditaire,
Tant que le sang gaulois battra dans notre artère,
Ces vieux souvenirs-là, saigneront dans nos cœurs !

C'est que, toujours, vois-tu, quand on songe à ces choses,
A ces jours où, martyrs de tant de saintes causes,
Nos pères, secouant ce sublime haillon,
Si dénués de tout qu'on a peine à le croire,
Pour sauver leur patrie et défendre ta gloire,
Allaient, un contre cinq, illustrer Carillon.

Quand on songe à ces temps de fièvre haletante
Où, toujours rebutés dans leur vaine attente,
Nos généraux, devant cet insolent dédain,
Etaient forcés, après vingt victoires terribles,
De marcher à l'assaut et de prendre des villes
Pour donner de la poudre à nos soldats sans pain.

Oui, France, quand on rêve, à tout ce sombre drame,
On ne peut s'empêcher d'en suivre un peu la trame,
Et de voir, à Versailles, un Bien-Aimé, dit-on,
Tandis que nos héros, au loin, criaient famine !
Sous les yeux d'une cour, que le vice effémine,
Couvrir de diamants des Phrynés de haut ton !

O drapeau ! vieille épave échappée au naufrage !
Toi qui vis cette gloire et qui vis cet outrage,
Symbole héroïque et témoin accablant,
Dans ces plis qui flottaient, dans ces grands jours d'alarmes,
Au sang de nos aïeux nous mêlerons nos larmes.
Mais reste pour jamais le dernier drapeau blanc !

Puis vos malheurs de 1870 inspirent à la lyre de ce poète, dont nous sommes fiers, les strophes suivantes.

VIVE LA FRANCE !

C'était après les jours sombres de Gravelotte :
La France agonisait.
Bazaine Iscariote,
Foulant aux pieds honneur et patrie et serments,
Venait de livrer Metz aux reîtres allemands.

Comme un troupeau de loups, sorti des steppes russes,
Une armée, ou plutôt des hordes de Borusses,
Féroces, l'œil en feu, sabre aux dents, vingt contre un,
Après une razzia de Strasbourg à Verdun,
Incendiant les bourgs, détruisant les villages,
Ivres de vin, de sang, de haines et de pillages,
Et ne laissant partout que carnage et débris,
Nouveau fléau de Dieu, s'avançaient sur Paris.

Vols, attentats sans nom, horribles hécatombes,
Rien ne rassasiait ces noirs semeurs de tombes.
La province, à demi morte et saignée à blanc,
Se tordait et râlait sous leur talon sanglant.

Seule, et voulant donner un exemple à l'histoire,
Orgueil et désespoir des rois et des Césars,
Paris, ce boulevard de dix siècles de gloire,
Foyer de la science et temple des beaux-arts,
Folle comme Babel, sainte comme Solime,
En un jour transformée en guerrière sublime,
Le front haut, l'arme au bras, narguant la trahison !
Par-dessus ses vieux forts, regardait l'horizon !

Au loin le monde ému frissonnait dans l'attente ;
Qu'allait-il arriver ?
L'Europe haletante
Jetait, soir et matin, sur nos bords atterrés,
Ses bulletins de plus en plus désespérés.....
On bombardait Paris !
Or, tandis que de la France,
Jouant, sur un seul dé, sa dernière espérance,
Se roidissait ainsi contre le sort méchant,
Un poème naïf, douloureux et touchant,
S'écrivait en son nom sur un autre hémisphère.
Tandis que d'un œil sec d'autres regardaient faire, —
D'autres pour qui la France, ange compatissant,
Avait donné cent fois le meilleur de son sang, —
Par delà l'Atlantique, aux champs du nouveau monde
Que le bleu Saint-Laurent arrose de son onde,
Des fils de l'Armorique et du vieux sol normand,
Des Français, qu'un roi vil avait vendus gaîment,

Une humble nation qu'encore à peine née,
Sa mère avait un jour, hélas ! abandonnée
Vers celle que chacun reniait à son tour
Tendit les bras avec un indicible amour !

La voix du sang parla ; la sainte idolâtrie,
Que dans tout noble cœur Dieu mit pour la patrie,
Se réveilla chez tous ; dans chacun des logis,
Un flot de pleurs brûlants coula des yeux rougis ;
Et parmi les sanglots d'une douleur immense,
Un million de voix cria :
— Vive la France !
Sous les murs de Québec, la ville aux vieilles tours,
Dans le creux du vallon que baignent les détours
Du sinueux Saint-Charle aux rives historiques,
A l'ombre du clocher se groupent vingt fabriques.
C'est le faubourg Saint-Roch, où vit en travaillant
Une race d'élite au cœur fort et vaillant.

Là surtout, ébranlant ces poitrines robustes
Où trouvent tant d'échos toutes les causes justes,
Retentit douloureux ce crix de désespoir :
— La France va mourir !
Ce fut navrant.
Un soir,
Un de ces soirs brumeux et sombres de l'automne,
Où la bise aux créneaux chante plus monotone,
De ses donjons, à l'heure où les sons familiers,
De la cloche partout ferment les ateliers,
La haute citadelle, avec sa garde anglaise,
Entendit tout à coup tonner la MARSEILLAISE,
Mêlée au bruit strident du fifre et du tambour...

Les voix montaient au loin ; c'était le vieux faubourg
Qui, grondant comme un flot que l'ouragan refoule,
Gagnait la haute ville, et se ruait en foule
Autour du consulat, où de la France en pleurs,
Drapeau toujours sacré, flottaient les trois couleurs.

Celui qui conduisait la marche, un gars au torse
D'Hercule antique, avait, sous sa rustique écorce,
— Comme un lion captif, grandi sous les barreaux, —

Je ne sais quel aspect farouche de héros.
C'était un forgeron, à la rude encolure,
Un fort; et rien qu'à voir sa calme et fière allure,
Et son mâle regard, et son grand front serein,
On sentait battre là du cœur, sous cet airain.

Il s'avança tout seul vers le fonctionnaire;
Et, d'une voix tranquille où grondait le tonnerre
Dit:
— Monsieur Le Consul, on nous apprend là-bas
Que la France trahie a besoin de soldats.
On ne sait pas chez nous ce que c'est que la guerre;
Mais nous sommes d'un sang qu'on n'intimide guère,
Et je me suis laissé dire que nos anciens
Ont su ce que c'était que les canons prussiens.
Au reste, pas besoin d'être instruit, que je sache,
Pour se faire tuer ou brandir une hache;
Et c'est la hache en mains que nous partirons tous;
Car la France, monsieur... la France, voyez-vous...
Il se tut; un sanglot l'étreignait à la gorge.
Puis, de son poing bruni par le feu de la forge,
Se frappant la poitrine, où son col entr'ouvert,
D'un scapulaire neuf montrait le cordon vert:

— Oui, Monsieur le Consul, reprit-il, nous ne sommes
Que cinq cents aujourd'hui; mais, tonnerre! des hommes
Nous en aurons, allez!... Prenez toujours cinq cents,
Et dix mille demain vous répondront: — Présents!
La France, nous voulons épouser sa querelle;
Et, fiers d'aller combattre et de mourir pour elle,
J'en jure par le Dieu que j'adore à genoux.
On ne trouvera pas de traîtres parmi nous!...

Le reste se perdit, car la foule en démence
Trois fois aux quatre vents cria:
— Vive la France!
Hélas! pauvres grands cœurs! leur instinct filial
Ignorait que le code international,
Qui, pour l'âpre négoce a prévu tant de choses,
Pour les saints dévouements ne contient pas de clauses

Et le consul, qui m'a conté cela souvent,
En leur disant merci, pleurait comme un enfant.

Je me contente de ces citations ; elles suffisent, j'en suis sûr. Et pourtant, que d'autres je pourrais faire ! Que de littérateurs canadiens ont chanté, et chantent encore tous les jours, cette vieille France que nous aimons tant ! Et que de noms illustres parmi eux ! Je suis obligé de les omettre, afin de ne point vous retenir trop longtemps. Que ceux-là me pardonnent ! Ils savent, que je les connais et que je les admire ; ils savent, surtout, que chaque fois qu'ils ont parlé de la France, comme j'aime à en parler moi-même, ils ont reçu mes félicitations et les faveurs de mon gouvernement.

En terminant, laissez-moi vous dire que je sens bien mon impuissance à défendre la cause dont je me suis fait l'avocat, et que Dieu m'est témoin que je voudrais qu'elle eût été confiée à une voix plus éloquente que la mienne.

Cependant, j'ai deux consolations, Monseigneur, à offrir à mon impuissance : avoir accepté respectueusement le désir de Votre Grandeur comme un ordre ; et avoir contribué, dans une faible et modeste mesure, à venger, devant un auditoire d'élite, composé de Français et de Catholiques, la réputation et l'honneur de mes chers compatriotes du Canada ; sous l'inspiration patriotique d'un noble évêque de la vieille France, patrie de mes aïeux, toujours chère à mon cœur de canadien !

Nous voudrions pouvoir signaler dans le compte rendu de ce beau discours les passages qui ont été le plus applaudis, mais il faudrait pour ainsi dire les citer tous. A partir surtout du moment où l'éminent homme d'État a accumulé dans un superbe mouvement oratoire les preuves de l'attachement que les Canadiens ressentent pour la France, chacune de ses phrases a été couverte d'applaudissements par l'auditoire, en proie à une profonde émotion.

Nous sommes heureux de pouvoir annoncer que M. Mercier, cédant aux instances qui lui ont été faites dans la soirée par M. le comte de Rorthays, au nom d'un grand nombre des assistants, s'est décidé à faire de sa conférence l'objet d'une brochure qu'il a confiée aux soins de celui-ci.

Quand l'éloquent orateur s'est arrêté, au bruit prolongé d'une double salve d'applaudissements, Mgr l'Évêque de Chartres a pris la parole dans les termes suivants pour lui exprimer sa gratitude :

Monsieur le Ministre, je crois être l'interprète fidèle de cette assemblée en vous remerciant des nobles, chrétiennes et françaises paroles que nous venons d'entendre. Elles retentiront longtemps dans nos âmes. Vous avez plaidé victorieusement une cause qui nous est chère, autant qu'à vous-même; et cette impuissance, dont votre modestie parlait tout à l'heure, nous n'y croyions pas avant de vous entendre, nous y croyons encore moins après vous avoir entendu. J'avais promis à cet auditoire de patriotiques émotions: je ne l'ai point trompé. Et à ces émotions-là on peut se livrer sans crainte : elles sont bonnes, salutaires et réconfortantes ; et il est doux et consolant dans les temps où nous sommes, pour les fils d'une même patrie, de se rencontrer en pleine communion de pensées et d'âme sur une des plus grandes choses humaines : le patriotisme.

Mais il ne faut pas être ingrat. Vous avez prononcé le nom d'un autre de mes amis, un de vos grands historiens, M. l'abbé Casgrain ; l'amour de la France vibre à toutes les pages qu'il écrit : aussi l'Académie française l'a-t-elle couronné il y a deux ans ; et si j'avais voix à cette académie, il y a un autre historien canadien (Monseigneur ici se tourne vers M. l'abbé Gosselin) qu'elle couronnerait aussi.

Quant à moi, je veux du moins être reconnaissant à ma manière, comme je pourrai. Et c'est pourquoi — mon clergé voudra bien me le pardonner — bien que j'en sois avare, très avare, et que j'aie dû déjà opposer à certaines demandes un péremptoire refus, afin de resserrer encore les liens entre l'Église de Chartres et le Canada, vous emporterez avec vous, Monsieur le Ministre, un fragment de notre relique insigne, le voile de la Sainte-Vierge : Placée dans votre chapelle privée, cette relique ne sera peut-être pas un des moins doux souvenirs que vous aurez remportés de votre voyage en France.

Eh bien ! donc, c'est démontré, c'est entendu, les Canadiens aiment la France : mais qu'il demeure bien entendu aussi, et qu'on le sache et qu'on le dise sur les bords de vos fleuves et de vos grands lacs : Si les Canadiens aiment la France, la France, Messieurs, le leur rend bien.

Les applaudissements répétés qui ont accueilli ces paroles parties du cœur ont dû prouver à M. Mercier et à ses compagnons de voyage, que Mgr de Chartres n'avait été, en les prononçant, que le fidèle interprète des sentiments de l'auditoire.

Ces applaudissements ont retenti de nouveau quand un jeune professeur de l'Institution Notre-Dame, M. l'abbé Verret, est venu lire sur l'estrade la belle pièce de vers suivante en l'honneur des Canadiens français restés fidèles à leur Dieu et à leur mère patrie.

A SON EXCELLENCE

MONSIEUR LE COMTE HONORÉ MERCIER

Premier Ministre de la Province de Québec.

Quand Montcalm succomba près de votre grand fleuve,
La France prit le deuil et puis se demanda
Ce qu'allaient devenir dans la suprême épreuve,
Là-bas, ses fils du Canada.

Ce qu'ils sont devenus ? — La réponse ici brille.
Tout Français qui vous voit tressaille et se sent fier,
On reconnaît en vous les traits de la famille,
Nous sommes frères comme hier.

Le Canada, toujours c'est la Nouvelle-France ;
Tout est Français chez vous, les cœurs, les noms, les voix ;
Oui, vraiment, ô patrie ! après leur longue absence
Ce sont tes fils que tu revois !

Vous êtes notre sang, vous êtes notre race,
Nos mains serrent vos mains en traversant les mers,
Et depuis cent trente ans un double amour efface
Les clauses des traités amers.

Votre génie au loin a refait la patrie
Et gardant notre foi, nos lois, notre fierté,
Il jette à tous les vents sa devise chérie :
« Vive Dieu, France et Liberté ! »

Votre cœur est loyal, vos familles prospères,
Vos fils nombreux et forts savent gagner leur pain ;
Pour guide n'ont-ils pas le conseil de leurs pères :
« Aime Dieu, puis va ton chemin » ?

Ce sont bien là les mœurs de notre antique France ;
Mais votre sol lui-même est patriote aussi,
Puisqu'un riche comté dans votre terre immense
S'appelle *Beauce* comme ici.

En effet, comme ici la nature est propice,
On la voit sous vos bras multiplier ses dons;
Le ciel dont vous cherchez noblement la justice
Vous le rend bien dans vos moissons.

Les blés d'or à l'envi mûrissent dans vos plaines,
Vos fleuves et vos lacs sont les routes des mers,
L'été, toujours égal en ses chaleurs sereines,
Sait compenser vos longs hivers.

Et sur le sol entier rayonne encor la gloire
De nos communs aïeux, prêtres, colons, soldats;
Dans vos champs, vos cités, tout redit la mémoire,
De nos Français tombés là-bas.

Les Cartier, les Brébœuf, de la même auréole
Font couronner chez vous nos héros et nos saints,
Et le nom de Laval, sur votre illustre Ecole,
Célèbre un de nos grands Chartrains.

D'ailleurs Chartres toujours à vos lointains rivages
S'unit par des liens que notre âge a serrés;
Nos Eglises sont sœurs et même vos sauvages
Nous offrirent des dons sacrés.

Et je le vois encore avec son franc sourire
Le prélat au grand cœur, l'un de vos chers soutiens,
Dans un jour de triomphe ici venant redire
Le vieil amour des Canadiens.

Aujourd'hui c'est à Vous que s'adresse notre âme,
Chef d'un peuple vaillant que notre sang fonda,
Ce sont nos deux pays qu'en Vous seul elle acclame:
Vive la France au Canada!

L'assemblée s'est séparée ensuite aux sons d'un brillant morceau de musique exécuté par l'*Harmonie Saint-Ferdinand*, qui avait salué par un autre, enlevé avec le même brio, l'entrée de Mgr Lagrange et de ses hôtes du Canada.

On gardera longtemps, à Chartres, le souvenir de cette conférence, où il nous a été donné d'entendre, sur les lèvres d'un homme qui occupe dans le gouvernement de son pays une des situations les plus élevées, l'expression de sentiments aussi chrétiens que patriotiques.

CHARTRES. — IMPRIMERIE GARNIER.

www.ingramcontent.com/pod-product-compliance
Lightning Source LLC
LaVergne TN
LVHW010101230826
846091LV00005B/2047
9782013367240